STATUTS

DE LA R∴ ⬭

DES AMIS PERSÉVÉRANS,

A l'O∴ de Périgueux.

.... Enfans, suivez la loi :
Aimer, aimer, c'est être utile à soi ;
Se faire aimer, c'est être utile aux autres.

Périgueux,

IMPRIMERIE DUPONT, RUE TAILLEFER.

—

1840.

STATUTS.

STATUTS

·DE LA R∴ ☐

DES AMIS PERSÉVÉRANS,

A l'O∴ de Périgueux.

········ Enfans, suivez la loi :
Aimer, aimer, c'est être utile à soi ;
Se faire aimer, c'est être utile aux autres.

PÉRIGUEUX,

IMPRIMERIE DUPONT, RUE TAILLEFER.

—

1840.

STATUTS

DE LA R∴ ☐

DES AMIS PERSÉVÉRANS,

A l'O∴ de Périgueux.

TITRE PREMIER.

Organisation.

SECTION PREMIÈRE.

Composition de la L∴

ART. 1.er

La réunion des membres de cet atelier est constituée à la
G∴ D∴ G∴ A∴ D∴ L∴ et sous les auspices du G∴ O∴
D∴ F∴, avec le titre distinctif des *Amis persévérans*, à l'O∴
de Périgueux (Dordogne).

ART. 2.

La L∴ est régie par des off∴ qu'elle élit au scrutin à la
majorité des suffrages. Leurs fonctions durent un an.

Art. 3.

Les officiers sont au nombre de seize.

> Un vén.·. ;
> Un premier et un deuxième surv.·. ;
> Un orat.·. ;
> Un secrét.·. ;
> Un premier expert ;
> Un député au G.·. O.·. ;
> Un trésorier ;
> Un hospit.·. ;
> Un M.·. des cérémonies ;
> Un archiv.·. garde des timbres et sceaux ;
> Un archit.·. contrôleur ;
> Deux experts ;
> Un M.·. des banquets ;
> Un F.·. couvr.·.

Art. 4.

A l'exception du vén.·. et des surv.·., les off.·. d'orat.·., de secrét.·., de M.·. des cérémonies et des banquets, peuvent avoir des adjoints qui n'exercent qu'en l'absence ou du consentement des titulaires.

Art. 5.

On célèbre chaque année deux fêtes de l'ordre : l'une au solstice d'été (juin), l'autre au solstice d'hiver (décembre). C'est à cette dernière fête que la L.·. procède à l'installation des off.·. nouvellement élus.

SECTION DEUXIÈME.

Formalités des Élections.

ART. 1.er

La L∴ procède aux élections dans l'assemblée qui précède la fête de l'ordre, et qui se célèbre à la Saint-Jean d'hiver.

ART. 2.

Tout maçon et membre actif de l'atel∴ depuis un an au moins, âgé de trente ans accomplis, né ou naturalisé Français, reçu maç∴ depuis trois ans, domicilié civilement depuis un an dans l'O∴ de l'atel∴ et revêtu des G∴ les plus élevés conférés par l'atel∴, pourra être élu président.

Les autres dignit∴ seront choisis parmi les FF∴ possédant le plus élevé des G∴ que confère l'atel∴. Il en sera de même des off∴ adjoints.

ART. 3.

Le vén∴ ne peut être élu que pendant trois ans; après un exercice triennal, il ne pourra être réélu à cette dignité qu'après une année d'intervalle. Tous les autres off∴ pourront être réélus.

ART. 4.

Deux jours au moins avant celui fixé pour les élections, chacun des membres de l'atel∴ sera convoqué par une planche particulière et spéciale envoyée à domicile, laquelle annoncera le jour, l'heure, le lieu et l'objet précis des travaux.

Art. 5.

Les élections seront faites par bulletins, sans que l'on puisse voter pour plusieurs off∴ à la fois, à peine de nullité. Les bulletins seront recueillis par l'exp∴, ouverts et lus à haute voix par le présid∴ en présence de l'orat∴, du secrét∴ et du premier exp∴ Le résultat en sera constaté et écrit au fur et à mesure par deux scrutateurs qui seront désignés par le vén∴ parmi les membres actifs non dignitaires.

Art. 6.

Les élections aux fonctions des sept premières dign∴, et à celle de député au G∴ O∴, auront lieu à la majorité absolue des suffrages. Pour les autres offices, il suffira de la majorité relative.

Art. 7.

Si les scrutateurs ne sont pas d'accord sur le résultat du scrutin, on procédera à un scrutin nouveau.

Art. 8.

Lors des élections des sept premières dignit∴ et du député, si le premier tour de scrutin ne donnait point la majorité absolue, le scrutin sera recommencé ; si le second tour ne produit point encore cette majorité, on procédera à un troisième tour par ballotage entre les deux candidats qui ont réuni le plus de voix. Si par le troisième tour il y a égalité de suffrages, le doyen d'âge maç∴ obtiendra la préférence ; et s'il y a égalité d'âge maçonn∴, elle sera accordée à l'âge civil.

Art. 9.

Tout scrutin dont le nombre des bulletins sera supérieur à celui des votans sera déclaré nul.

Art. 10.

Les trav∴ pour les élections seront toujours ouverts au moins élevé des G∴ que confère l'atel∴

SECTION TROISIÈME.

De l'installation des Off∴.

Art. 1.ᵉʳ

Tout off∴, avant d'être reconnu et proclamé dans sa nouvelle dignité, prêtera, entre les mains du président qui l'installe, le serment suivant :

« *En présence et au nom du G∴ A∴ D∴ L∴, je jure*
« *et promets d'observer fidèlement les statuts et réglemens par-*
« *ticuliers de l'atel∴, et de remplir avec fidélité et exactitude*
« *les fonctions qui me sont confiées.* »

Art. 2.

Le président nouvellement élu sera proclamé et installé par son prédécesseur, et, en l'absence de ce dernier, par le premier surv∴; enfin, en cas d'absence ou d'empêchement pour l'un et pour l'autre, par le deuxième surv∴ ou l'off∴ le plus élevé en dignité. Le vén∴ élu prêtera, avant son installation, le serment suivant :

« *Je jure solennellement et devant le G∴ A∴ D∴ L∴, que*
« *je prends à témoin, d'obéir sans restriction aux statuts et*

« *réglemens généraux et aux statuts particuliers du R.·.*
« *atel.·., de diriger les trav.·. avec zèle, justice et fermeté,*
« *et de rester inviolablement attaché au G.·. O.·., seul légis-*
« *lateur et régulateur de l'ordre maçonn.·. en France.* »

Art. 3.

Immédiatement après son installation, le nouveau présid.·.
procédera simultanément à celle du premier et du deuxième
surv.·., qu'il proclamera et fera reconnaître en cette qualité.

Art. 4.

L'installation des autres offic.·. aura lieu collectivement;
l'orat.·. prêtera l'obligation en leur nom et au sien.

Art. 5.

Chacune de ces intallations sera consacrée par les batt.·.
et les acclamations d'usage.

Art. 6.

Si un office venait à vaquer pendant le premier semestre
de l'année d'exercice, il y sera pourvu dans les formes pres-
crites par les articles 4 et suivans de la section 2.ᵉ; mais si
cette vacance n'avait lieu que pendant le second semestre et
pour des fonctions autres que celles des surv.·. et du premier exp.·., le président nommera d'office à ces fonctions
pour le reste de l'année.

Art. 7.

Dans les cas prévus par l'article précédent pour les vacances pendant le second semestre, le président, les surv.·.
et le premier exp.·. seront remplacés dans l'ordre hiérarchique, ainsi qu'il sera dit à la section qui suit.

TITRE II.

Des obligations et des droits des Off.∴

—

SECTION PREMIÈRE.

Fonctions du Vén.∴

ART. 1.er

Le vén.∴ seul convoque la L.∴, il en préside toutes les séances ordinaires ou extraordinaires ; il est président né de toutes les commissions ou députations ; il ne peut être repris par aucun F.∴ : la voie d'observation est la seule permise à son égard.

ART. 2.

Au vén.∴ appartient exclusivement :

1.º D'ouvrir et de fermer les trav.∴ ;

2.º De mettre les propositions sous le maill.∴ ;

3.º D'initier les prof.∴ aux myst.∴ de la fr.∴ maç.∴ ;

4.º De conférer les gr.∴ jusqu'à celui de M.∴ inclusivement ;

5.º De proclamer les résultats des délibérations ;

6.º De signer toutes les planch.∴ d'arch.∴ et de régler la correspondance ;

7.º De vérifier toutes les pièces de comptabilité, et d'ordonnancer toutes les dépenses autorisées par la L.∴ sur le *visa* nécessaire de l'arch.∴ ;

8.º De provoquer des délibérations sur tous les objets qui peuvent intéresser la L.∴ en particulier ou l'O.∴ en général.

Art. 3.

Le vén.˙. a droit de retirer la parole à un F.˙. qui s'écarte de l'ordre.

Il peut aussi lui faire couv.˙. le temple, et même, dans un cas grave, suspendre ou clore les trav.˙.

Il résume les avis et requiert les conclusions de l'orat.˙.

Art. 4.

En sortant de fonctions, il prend le titre d'ex-vén.˙., qu'il garde jusqu'à ce que le vén.˙. en exercice soit remplacé par un autre.

SECTION DEUXIÈME.

Droits et devoirs des Surv.˙.

Art. 1.ᵉʳ

Les surv.˙. ont la direction de leurs col.˙.

Il leur suffit d'un coup de maill.˙. pour obtenir la parole; ils transmettent à leurs col.˙. respectives les annonces du vén.˙., y maintiennent l'ordre et le silence, et peuvent retirer la parole aux FF.˙. qui la prendraient sans l'avoir obtenue.

Ils ne peuvent être repris en L.˙. que par le vén.˙.

Ils signent, ainsi que lui, les tracés de chaque tenue et toutes les planch.˙. officielles.

Le premier surv.˙. remplace le vén.˙. en son absence.

Le deuxième surv.˙. remplace de droit le premier surv.˙., absent ou tenant d'office le premier maill.˙.

Il préside la L.˙. en cas d'absence des deux premières lum.˙., et ne peut être remplacé dans ces fonctions instantanées que par le vén.˙. titulaire.

Enfin il reçoit, par l'intermédiaire du premier surv.·., les annonces du vén.·., les transmet à sa col.·., et rend compte du résultat de ses annonces au premier surv.·., qui en informe le vén.·.

Art. 2.

Les surv.·. avertissent le vén.·. de ce qui se passe dans l'intérieur de la L.·. et de ce qui leur est annoncé de l'extérieur.

Art. 3.

Leurs places, pendant les trav.·., ne doivent jamais être vacantes ; et, s'ils sont obligés de les quitter, ils ne peuvent le faire qu'en demandant au vén.·. de les faire remplacer.

SECTION TROISIÈME.

Fonctions de l'Orat.·.

Art. 1.ᵉʳ

L'orat.·. est le conservateur né des statuts, réglemens généraux de l'ordre et réglemens particuliers de l'atel.·.

Il doit s'opposer à toute délibération qui leur serait contraire, demander acte de son opposition et la transmettre au G.·. O.·.

Il veille aussi à l'exécution des réglemens particuliers de la L.·. et s'oppose à leur infraction ; dans ce cas, la L.·. ne peut statuer que dans la séance suivante sur le mérite de cette opposition.

L'orat.·. est placé à l'O.·. ; la parole lui est accordée sur les objets en discussion : il l'obtient directement du vén.·.

Lorsque le vén.·. a résumé les avis, l'orat.·. donne ses

conclusions sans pouvoir les motiver. Il peut néanmoins citer les articles des statuts généraux sur lesquels il fonde ses conclusions.

Art. 2.

L'orat.·. est spécialement chargé : 1.º d'expliquer aux init.·. les symb.·. des gr.·.; 2.º de présenter à chaque fête de l'ordre un compte analytique des trav.·. de l'atel.·. et de leur résultat pendant le semestre ; 3.º de célébrer les fêtes et les pompes funèbres par des morceaux d'archit.·.; 4.º de communiquer toute la correspondance du G.·. O.·., qui doit lui être remise en séance par le vén.·.

Art. 3.

L'orat.·. assiste de droit au dépouillement des votes recueillis par le scrutin, et signe l'esquisse des travaux de chaque tenue pour la collationner avec la rédaction définitive de la planch.·.

Art. 4.

L'orat.·. adjoint remplace de droit l'orat.·. titulaire; et, dans le cas où ce dernier entrerait dans le temple après l'ouverture des travaux, il ne peut prendre sa place que lorsque l'orat.·. adjoint a donné ses conclusions sur l'affaire mise en discussion.

SECTION QUATRIÈME.

Fonctions du Secrét.·.

Art. 1.er

Le secrét.·. est placé à l'O.·. en face de l'orat.·.
Il demande comme lui la parole au vén.·.

Il rédige l'esquisse des trav.˙., en donne lecture avant qu'ils soient fermés, et., sur cette esquisse, il dresse la planche d'arch.˙., qui doit être soumise à l'approbation de la L.˙. dans la séance suivante.

Il est chargé de la correspondance, de la rédaction des tableaux et de l'expédition des diplômes.

Il convoque les FF.˙. sur la demande du vén.˙.

Il contre-signe toutes les planch.˙. qui émanent de l'atel.˙., ainsi que celles qui sont inscrites au liv.˙. d'arch.˙., avec cette formule : *Par mandement de la R.˙. L.˙.*

Il assiste, comme l'orat.˙., au dépouillement des votes.

Art. 2.

Il tient au courant le tableau de tous les membres de la L.˙., suivant leurs G.˙. et date de leurs réceptions ; en tête sont les off.˙. en fonctions. Il représente ce tableau à chaque séance.

Art. 3.

Il ne conserve à sa disposition habituelle que les registres courans (recueil de pl.˙. tracées); les anciens sont déposés aux archives.

Art. 4.

Le secrétaire adjoint remplace toujours le secrétaire.

Lorsque le secrétaire adjoint est chargé d'une rédaction quelconque, il la présente lui-même à l'assemblée suivante et en fait lecture, quand même le secrétaire serait présent. Il lui remet ensuite toutes les pièces.

SECTION CINQUIÈME.

Fonctions des Exp∴

Art. 1.er

Le premier exp∴ remplace le deuxième et le premier surv∴, et même le vén∴ en leur absence.

Il est spécialement chargé :

1.º De s'assurer avec la plus grande attention des qualités [maç∴ de chaque visiteur, de le tuiler, et de donner son avis au vén∴ sur son introduction ;

2.º De faire préparer et de diriger les épr∴ ;

3.º D'introduire et d'accompagner les init∴ dans leurs voy∴ (pour tous les gr∴) ; il les remet entre les mains du M∴ des cér∴ à l'instant où l'on va faire la proclamation ;

4.º De recueillir les boules ou les bulletins des votes et d'assister à leur dépouillement.

Art. 2.

Le premier exp∴ absent est remplacé par le second, et celui-ci par le troisième.

Art. 3.

Le deuxième et le troisième exp∴, l'orat∴, le secrét∴, le trésorier, l'hospitalier, l'arch∴ contrôl∴ et le député, ne peuvent jamais présider la L∴.

En cas d'absence des dignit∴ qui ont droit de présider l'atel∴, l'ex∴ vén∴ ou, à son défaut, le doyen d'âge des membres actifs prend la direction des trav∴.

SECTION SIXIÈME.

Fonctions du Trés.·.

ART. 1.er

Le trésorier fait les recettes et acquitte toutes les dépenses de la L.·. ordonnancées par le conseil d'administration, visées et signées par l'archit.·. contr.·.; il est chargé de présenter à chaque trimestre un rapport relatif aux finances.

ART. 2.

La contribution mensuelle de chaque F.·. lui est payée par avance.

ART. 3.

Il tient deux registres : l'un pour la recette et l'autre pour la dépense. Il annote sur le premier tout ce qu'il reçoit pour le compte de la L.·. Ces registres sont numérotés, paraphés sur chaque feuillet, et signés sur le dernier et premier par le président et le secrétaire du conseil d'administration et des finances.

ART. 4.

Chaque article contient, sous un numéro d'ordre, la date, le montant et la cause de la recette, ainsi que le nom du F.·. ou de l'atel.·. qui a versé les fonds. La quittance doit contenir la même indication.

ART. 5.

Chaque article de dépense est également inscrit sous un numéro d'ordre avec mention de la date, du montant et de la cause du paiement, ainsi que le nom de celui à qui il est fait ; la quittance doit être motivée de la même manière que ci-dessus.

Art. 6.

Le trésorier fait vérifier et arrêter ses comptes par le conseil d'administration tous les trimestres. Il lui rend, en outre, compte quand il en est requis. A la fête de l'ordre qui se célèbre au solstice d'été (juin, Saint-Jean d'été), le trésorier présente le résultat du compte général de l'année précédente.

Art. 7.

Le compte général du trésorier est divisé en deux parties : l'une de recettes et l'autre de dépenses.

Le compte de recettes a pour objet les cotisations et droits perçus pour init.·., les diplômes, les affiliations, les régularisations, les cahiers des gr.·., etc.

Art. 8.

Dans les dépenses fixes et ordinaires sont énumérés les divers articles de lumière, chauffage, loyer, impressions, achats de diplômes, actes de bienfaisance, archives, fêtes de l'ordre, correspondance, etc.

Art. 9.

Le compte général dont il s'agit contient les recettes et les dépenses de l'année précédente ; il est présenté au conseil d'administration dans le mois qui précède la célébration de la fête patronale de la Saint-Jean d'été ; ce compte est vérifié par le conseil d'administration, qui en donne avis au V.·., qui renvoie ce compte à une commission spéciale de révision nommée par lui.

Art. 10.

La commission spéciale de révision est composée de trois membres de l'at.·. non dign.·., mais pris parmi les maç.·. les plus élevés en G.·. Cette commission, après avoir révisé et débattu le compte, l'arrête provisoirement.

Art. 11.

L'apurement du compte général n'est définitif qu'après la sanction de la L.·., lors de laquelle ce compte est signé par les trois premiers dign.·., vu par l'O.·., et contresigné par le secrétaire présent aux trav.·.

Le double de ce compte est remis au trés.·.; l'original est déposé aux archives, avec les pièces à l'appui.

Art. 12.

Le compte et les pièces y relatives peuvent être, pendant le mois qui précède sa sanction, pris en communication auprès du trés.·., mais sans déplacement, par tout membre de l'atel.·.

Art. 13.

A chacune des deux fêtes de l'ordre, le trésorier fait un rapport à la L.·. sur l'état des recettes et des dépenses.

A la fin du solstice d'hiver, cet état comprend la durée des neuf premiers mois de l'année mac.·. courante; et à celle du solstice d'été, l'année toute entière.

Art. 14.

La contribution mensuelle de chaque F.·. devant être payée par avance au trésorier, dans les quinze derniers jours de chacun desdits mois; il remettra l'état nominatif de tous les

FF∴ en retard d'acquitter leur contribution au conseil d'administration, qui délibérera sur le parti à prendre. Le secr∴ du conseil lui en accusera réception.

Art. 15.

Le trésorier ne pourra acquitter aucune dépense que sur des pièces revêtues des formalités suivantes inscrites au pied de tout mémoire ou état à payer des métaux de la L∴ par le secr. du conseil :

> « *Dépense approuvée par délibération du*..........
> « *Paiement ordonné par délibération du*............

(Il signe.)

La pièce sera, en outre, visée par le V∴.

Toute pièce de dépense non revêtue des formes ci-dessus sera rejetée, à moins qu'elle n'ait pour objet l'indemnité que pourrait réclamer les héritiers ou parens d'un maç∴ décédé pour la cession des diplômes, papiers et bijoux qui lui auraient appartenu ; dans ce cas, le vénér∴ aura la faculté de traiter avec eux et de leur délivrer un mandat sur le trésorier, lequel mandat, mentionnant la cause de la dépense, sera payé par le trésorier, *sans autres formalités*.

Les objets ainsi retirés seront déposés aux archives.

Dans tous les autres cas, les dépenses extraordinaires ne pourront être effectuées que par suite et conformément à des délibérations prises *ad hoc* par la L∴.

Art. 16.

Le trésorier pourra s'opposer à toute réception ou affiliation, lorsque les métaux fixés n'ont pas été remis dans ses mains ; s'il ne forme pas opposition, il devient responsable, en cas de non paiement, des débiteurs de ces droits.

Art. 17.

Les FF∴ qui voudront obtenir des certificats ou diplômes de l'at∴ seront tenus d'en déposer le prix entre les mains du trésorier, qui leur en donne sa reconnaissance.

Les certificats ou diplômes revêtus des formalités d'usage sont remis par le secr∴ au trésorier, lequel, sous sa responsabilité, n'en fait la remise à chaque F∴ qu'en recevant de lui tout ce qu'il doit à la L∴.

SECTION SEPTIÈME.

Fonctions de l'Hosp∴

Art. 1.er

L'hospit∴ est chargé de faire circuler le tronc des pauvres ; il le fait ouvrir par le V∴ en sa présence, et en retire le montant après que la mention en a été faite dans la pl∴ à tracer ; il se fait délivrer un bulletin sur lequel se trouve mentionnée la médaille et la date de la séance. Le tout, revêtu de la signature du vén∴, de l'or∴ et du secr∴, est déposé avec la médaille dans la caisse du trésor.

Art. 2.

Il veille à ce qu'aucun F∴ ne quitte le temple avant la clôture des trav∴ sans avoir déposé son offrande au tronc des pauvres.

Chaque F∴ absent d'une séance, sans motif légitime, sera soumis à une amende dont la médaille sera fixée à la valeur de quinze centimes. Elle sera soldée et réclamée à la première tenue de chaque mois. Il en sera passé écriture.

2

Art. 3.

L'hospit.·. est seul responsable des fonds qu'il reçoit pour l'exercice de la bienfaisance ; il tient un registre de recettes et de dépenses annuelles, lequel registre est soumis aux formalités de l'article 3, concernant le F.·. trés.·.

Art. 4.

Il porte au chapitre des recettes les sommes versées dans sa caisse, et qui proviennent des collectes faites dans les assemblées de la L.·. ou qui sont offertes par ceux qui sont initiés.

Le chapitre des dépenses doit distinguer aussi les secours accordés, 1.º par délibération de la L.·. ; 2.º ceux qu'il a remis individuellement, en exécution de l'article 7.

Art. 5.

Il donne au F.·. trésorier, qui les reproduit dans ses comptes, les quittances motivées des fonds qu'il est autorisé à en recevoir pour l'exercice de ses fonctions.

Art. 6.

L'hospit.·. ne doit délivrer aucune somme sans en exiger un reçu et sans inscrire, par ordre de date, sur son registre, les noms, prénoms, âge, domicile, G.·. et profession du F.·. qui a reçu des secours, ainsi que le montant de la somme accordée.

Art. 7.

L'hospit.·. peut, en cas d'urgence, délivrer des secours pécuniaires, jusqu'à concurrence de deux francs, à celui qui réclamerait des secours hors la L.·. ; mais si cette valeur est insuffisante pour la demande qui lui est faite, ou s'il s'agit de réitérer ce même secours à la même personne, il ne peut y faire droit que par délibération du comité d'administration et des finances. Les mandats sont expédiés par le secrétaire du comité ; la date de la délibération y est relatée ; ils sont visés par le vén.·.

ART. 8.

Toutes les demandes en secours lui sont envoyées ; ce n'est que sur son rapport que prononce le comité d'administration et des finances.

ART. 9.

La caisse de l'hospit.·. est indépendante de celle du trésorier. Ces fonds étant exclusivement destinés au soulagement des pauvres, ne peuvent être distraits sous aucun prétexte, pas même à titre d'emprunt pour la L.·. : l'indigent ne doit jamais la trouver vide. L'hospit.·. doit, au contraire, dans le cas où elle viendrait à s'épuiser, solliciter du conseil d'administration et des finances une avance à prendre sur celle du trésorier, ce qui est toujours accordé, si l'état des finances le permet, à charge de remboursement lorsque la masse pour les pauvres se trouvera monter au double de cet emprunt.

ART. 10.

L'hospit.·. doit visiter les FF.·. qui sont dans le malheur ou en état de maladie, leur offrir les soins d'une amitié compatissante, et au besoin provoquer en leur faveur les secours pécuniaires de la L.·. Il doit également visiter tous les membres de l'atel.·., et, en cas de décès de l'un d'eux, il est autorisé à en faire convoquer les membres par le secrétariat, pour qu'ils puissent rendre les derniers devoirs au F.·. décédé.

Art. 11.

L'hospit.·. rend ses comptes à la L.·. dans les formes et le temps prescrits pour le trésorier.

SECTION HUITIÈME.

Du M.·. des cérémonies.

Art. 1.er

Le M.·. des cérémonies veille à ce que les FF.·. se placent, pendant les trav.·., conformément aux réglemens.

Art. 2.

Il accompagne et reçoit les visiteurs reconnus par les experts, les introduit sur l'ordre du V.·., et les place selon leurs Gr.·. et dign.·.; lorsque plusieurs visiteurs se présentent à la fois, il observe de les introduire séparément, en commençant par les premiers G.·. et finissant par les G.·. supérieurs, ainsi qu'il sera expliqué au chapitre des honneurs et préséances maç.·.

Art. 3.

Il assiste les initiés à tous les G.·., depuis l'instant où il les reçoit de la main des exp.·. jusqu'à ce que la réception soit terminée.

Art. 4.

Il est chargé d'indiquer aux récipiendaires les figures du tableau de chaque G.·. pendant la lecture de l'explication de ce tableau; de faire circuler le sac des propositions; de joindre ses batt.·. de remercîment à celles des autres membres de la L.·., des FF.·. visiteurs, des affil.·. ou des init.·., et, au besoin, de prendre pour eux la parole. Il distribue les scrutins ou les boules pour les votes, il vérifie et rapporte au V.·. les mots d'ord.·. ou de sem.·. transmis sur les col.·.

SECTION NEUVIÈME.

Des Archives, de l'Archiviste garde-des-sceaux et timbres, et de la communication des pièces.

ART. 1.er

Les archives sont établies dans le local de la L.·.; elles renferment les livres d'or, registres, chartes, cahiers des G.·., minutes des réglemens, et généralement tout ce qui constate les travaux de l'at.·., ainsi que les esquisses qui ont servi à la formation des livres, et qui doivent être recueillies et classées séparément par ordre numérique de date.

ART. 2.

L'archiviste, en sa qualité de garde-des-sceaux et timbres, scelle et signe, au-dessous du sceau, tous les actes et certificats qui ont besoin d'être revêtus de cette forme; il est, en conséquence, le dépositaire des timbres et sceaux, mais il faut qu'il les représente à chaque tenue sur son bureau.

ART. 3.

L'archiviste est chargé de recueillir et conserver les statuts réglementaires, catéchismes, formulaires et protocoles à l'usage de la L.·., dont il est tenu de préparer et placer les exemplaires nécessaires pour les installations et réceptions; de classer, enregistrer et numéroter tous les morceaux d'archit.·. dont la L.·. ordonne le dépôt, et enfin les comptes annuels du trésorier et de l'hospit.·.

Art. 4.

L'archiviste tient un registre où sont inventoriées chacune des pièces placées sous sa garde ; les offi.·. titulaires de la L.·. , ainsi que les autres FF.·., peuvent, en tout temps, en prendre communication, mais toujours sans déplacement, à moins d'une autorisation résultant d'une délibération ; et, dans ce cas, le F.·. qui obtient communication avec déplacement doit inscrire lui-même le nombre et l'objet des pièces qui lui sont confiées, ainsi que la durée de cette communication, et en signer le récépissé. Lors du rapport de ces pièces, la remise en est constatée par l'archiviste, qui en écrit et signe la décharge sur le même registre.

SECTION DIXIÈME.

De l'Archit.·. vérificateur.

Art. 1.er

Le mobilier de la L.·. est spécialement confié aux soins et à la garde de l'archit.·. vérificateur, qui est aussi co-dépositaire des fonds versés dans la caisse générale.

Art. 2.

L'archit.·. est chargé de faire exécuter les plans arrêtés par la L.·. pour la décoration, l'entretien et l'illumination du temple ; il donne à cet égard les instructions aux FF.·. servans.

Art. 3.

A son entrée en exercice, il dresse un inventaire double signé de son prédécesseur ; lorsqu'il quitte, il ajoute les objets acquis pendant la durée de ses fonctions, et il dépose aux archives une copie certifiée de cet inventaire.

Art. 4.

Il propose au conseil d'administration et des finances les réparations locatives et celles d'entretien du mobilier ; il se fait remettre les plans et devis estimatifs des constructions et des embellissemens qu'il croit nécessaires.

Art. 5.

L'archit.·. est tenu de choisir, autant que possible, parmi des maç.·. les ouvriers qu'il emploie ; il surveille l'exécution des travaux, recueille les mémoires des entrepreneurs, qu'il fait vérifier et régler, s'il n'a lui-même les connaissances requises pour ces opérations.

Art. 6.

Il vise, comme contrôleur, toutes les ordonnances de paiement ; il fait au conseil d'administration et des finances les rapports des affaires qui concernent son office.

Art. 7.

Vers la fin de l'année maç.·., l'archit.·. vérificateur présente son registre au conseil d'administration et des finances, qui fait procéder au récolement des objets qui y sont énoncés, et qui en débat et arrête le contenu. Le registre de l'archit.·. vérificateur est soumis aux mêmes formalités que ceux du trésorier et du F.·. hospit.·.

SECTION ONZIÈME.

Du M.˙. des banquets.

Art. 1.er

Le maître des banquets est chargé de tout ce qui concerne les travaux de la table, la décoration, le chauffage et l'illumination de la salle des banquets, en se conformant à ce qui est arrêté par le conseil d'administration et des finances.

Art. 2.

Il choisit les matériaux et en règle la distribution; il veille à ce que les FF.˙. servans ne puissent en manquer ni en abuser.

Art. 3.

Il recueille le montant de la cotisation à laquelle la L.˙. a imposé chaque convive et remet sa collecte au trésorier.

SECTION DOUZIÈME.

Du F.˙. couvreur.

Art. 1.er

Le F.˙. couvreur pourra seul ouvrir et fermer la porte de la L.˙.

Art. 2.

Lorsqu'on frappera, il en avertira à voix basse le deuxième surv.˙.

Art. 3.

Il n'ouvrira la porte qu'après en avoir reçu l'ordre.

Art. 4.

Lui seul communiquera à l'extérieur tous les ordres de la L.˙., pour lesquels on n'enverra personne dans la salle des pas-perdus.

Art. 5.

Il demandera le mot de passe à tous ceux qu'il aura ordre d'introduire.

Art. 6.

Il leur demandera aussi le mot de semestre, dès qu'ils seront dans l'intérieur de la L.˙.

Art. 7.

Il examinera s'ils sont revêtus de leurs ornemens.

Art. 8.

Il refusera l'entrée de la L.˙. à tous ceux qui ne lui donneront pas les mots ou qui ne seront pas revêtus de l'habit de leur G.˙.

Art. 9.

Lorsqu'il aura refusé l'entrée, il en avertira le deuxième surv.˙. et attendra de nouveaux ordres.

SECTION TREIZIÈME.

Du Député près le G.˙. O.˙.

Art. 1.ᵉʳ

Le député choisi par la L.˙. doit être membre du G.˙. O.˙.; il est chargé de représenter auprès du sénat maç.˙.

la L∴, dont il est l'avocat né ; il est, en outre, chargé de faire au G∴ O∴ toutes les demandes qui peuvent être utiles à l'at∴ qu'il représente.

Art. 2.

Il doit veiller avec intérêt auprès du G∴ O∴ à l'honneur de la L∴ en général, et en particulier à celui des FF∴ qui la composent.

Art. 3.

C'est à lui seul que sont adressées toutes les pl∴ et pièces à remettre au G∴ O∴

SECTION QUATORZIÈME.

De l'incompatibilité des Offices et du nombre d'Atel∴ dont on peut être membre.

Art. 1.er

Il y a incompatibilité :

1.º Entre les fonctions de président et les autres dignités du même at∴ ;

2.º Entre les fonctions de comptable et celles des off∴ chargés du visa ou de l'apurement des comptes ;

3.º Entre les cinq premières dignités.

Art. 2.

Un maç∴ ne peut présider qu'un seul at∴

Art. 3.

Un maç∴ ne peut être à la fois membre actif cotisant de plus de deux L∴

SECTION QUINZIÈME.

Des F∴ servans.

Art. 1.er

Les FF∴ servans sont les égaux des autres membres de la L∴; mais, moyennant salaire, ils sont chargés de tout le travail manuel pour la propreté ou décoration du temple et de ses dépendances, et de porter au dehors les ordres de la L∴.

Art. 2.

Ils sont tenus d'exécuter tout ce qui leur est prescrit par le vén∴ et les officiers chargés des détails.

Art. 3.

Les FF∴ servans sont tenus de se trouver à toutes les assemblées une heure avant l'ouverture de la séance, et de disposer tout ce qui est convenable suivant la nature des travaux.

Art. 4.

Tous les FF∴ servans doivent être initiés au moins au premier grade. Les noms de ceux attachés à la L∴ s'inscrivent sur un tableau. Un F∴ servant amené par un membre de la L∴ ou un visiteur doit être tuilé par un exp∴ avant d'être admis à aider aux tr∴.

Art. 5.

Le comité d'administration et des finances règle le salaire et les droits des FF∴ servans.

Art. 6.

Dans aucun temps, et sous nul prétexte, il n'y aura plus
de deux FF.·. servans qui seront payés.

Art. 7.

Les FF.·. servans seront régulièrement pourvus du premier G.·. symbolique ; mais ils ne pourront assister à aucune délibération, et ne recevront jamais les mots de sem.·.
et ann.·.

Art. 8.

Les articles qui précèdent seront affichés dans les pas-
perdus, pour l'instruction des FF.·. servans.

SECTION SEIZIÈME.

Des rangs en L.·.

Art. 1.er

Le V.·. prend place derrière l'autel, à l'O.·. ;

Le premier surv.·., en avant de la col.·. du midi, à l'occident ;

Le deuxième surv.·., en avant de la col.·. du nord, à
l'occident ;

L'ex-V.·., à la droite du V.·. ;

L'Or.·. (avec son bureau), à l'O.·., à la col.·. du midi ;

Le secrétaire (avec son bureau), à l'O.·., à la col.·. du
nord ;

Le premier expert, vers la porte d'occident, près le deuxième surv.·. ;

Les deux autres experts, au bout de chacune des deux
col.·., près du sanctuaire ;

Le trésorier, sur la col.·. du midi, à gauche de l'Or.·.;

L'hosp.·., sur la col.·. du nord, à la droite du secrétaire. Le garde-des-sceaux est au même bureau;

L'adjoint de l'Or.·., à la gauche du trésorier;

L'adjoint du secrétaire, à la droite de l'hosp.·.;

L'archit.·., à la droite du deuxième exp.·., à la col.·. du midi;

Le M.·. des banquets, à la gauche du troisième exp.·., à la col.·. du nord;

Le M.·. des cérémonies, prés la porte de l'occ.·., à côté du premier surv.·.

Art. 2.

Tous les autres membres de la L.·. ayant le troisième G.·. se mettent à leur choix sur l'une ou l'autre col.·.; mais les comp.·. et les app.·. se placent : les premiers, sur la col.·. du midi; les seconds, sur celle celle du nord en deuxième ligne.

◦⊸✿⊷◦

TITRE III.

Du conseil d'administration et des finances.

—

Art. 1.er

La L.·. de Saint-Jean, sous le titre distinctif des *Amis persévérans*, se régit par un conseil d'administration composé de trois membres élus à la majorité absolue, sur une liste triple présentée par le vén.·.

Art. 2.

Il est renouvelé par tiers tous les ans. Les mêmes membres peuvent être réélus.

Art. 3.

Le V∴, l'or∴, les off∴ comptables et responsables , le trésorier, l'hospit∴, l'archiv∴ garde-des-sceaux et l'archit∴ contrôleur , ainsi que le propriétaire du local , s'il est membre de la L∴, ne peuvent en être membres ni être appelés temporairement.

Art. 4.

Dans le cas où un membre du conseil d'administration cesse ses fonctions avant le temps fixé pour son exercice, il est pourvu par la L∴ à son remplacement pour le temps qui reste à courir. Le maç∴ qui, dans ce cas, est appelé au conseil, y remplit les fonctions de celui qu'il remplace, et, néanmoins, le plus ancien membre en exercice préside toujours le conseil.

Art. 5.

Pour la première organisation, chaque membre est élu par un scrutin séparé : d'abord, celui qui doit être trois ans en exercice; ensuite, celui qui doit y être deux ans; enfin, celui qui ne doit y être qu'un an.

Art. 6.

Le conseil fixe les jours de séance. Il est présidé par le plus ancien membre; le moins ancien y remplit les fonctions de secrétaire.

Art. 7.

Les délibérations seront prises à la majorité. Les trois membres doivent y être présens.

Art. 8.

Le F.·. qui prévoit un empêchement légitime se fait remplacer par un off.·. de la L.·. autre que ceux dénommés en l'art. 3. S'il néglige de prendre ce soin, le V.·. y pourvoit sur la demande du président du conseil.

Art. 9.

Le conseil propose à la L.·. les contributions ordinaires et extraordinaires.

Il surveille les recettes, se fait rendre compte, quand il le juge convenable, par le F.·. trésorier. Il ordonne les dépenses de toute nature votées par la L.·., arrête les états et mémoires. Il fait procéder au récolement et à l'inventaire de tous les bijoux dont l'archit.·. est chargé. Il surveille, dirige cet off.·., et se fait rendre compte par lui. Il veille à l'entretien du local, et règle les intérêts de la L.·. avec le propriétaire.

Il exécute et fait exécuter tous les arrêtés de la L.·. relatifs à l'administration, et lui rend compte de ses opérations.

Art. 10.

Tous les FF.·. peuvent faire par écrit des propositions et des observations au conseil. Il est tenu de délibérer sur celles qui lui sont présentées par le V.·., l'ex-V.·., les deux surv.·., l'Or.·., le secrétaire, le trésorier et l'archit.·.

Art. 11.

Aucune délibération ne peut être exécutée si elle n'a
été approuvée par le V∴. Il exprime son approbation ou
son improbation sur le registre du conseil par ces mots :
Le V∴ approuve ou *le V∴ empêche.* Le V∴ peut motiver
son improbation.

Art. 12.

Dans le cas d'improbation, le conseil délibère de nouveau. Le vén∴ peut se présenter au conseil, où il a voix
consultative. Si le conseil persiste, il charge un de ses membres d'en faire le rapport à la L∴, qui prononce.

Le rapporteur doit communiquer son rapport au V∴ et
à l'Or∴ vingt-quatre heures avant la séance ; sans cette
formalité, il ne peut obtenir la parole pour faire sa communication à la L∴.

Art. 13.

A la séance de la L∴ qui précède la fête patronale de
la Saint-Jean d'hiver, le président fait un rapport sur les
recettes et dépenses de l'année qui expire. Il résume les
travaux du conseil d'administration, il propose toutes les
mesures à prendre pour l'année suivante, et présente un
projet d'arrêté par article.

La L∴ les discute et délibère.

Le rapport et le projet sont communiqués au V∴ et à
l'Or∴ vingt-quatre heures avant l'ouverture de la séance ;
sans cela, le rapport peut être ajourné à la plus prochaine
assemblée.

TITRE IV.

Classification des membres de la L.∴

—

La L.∴ des *Amis persévérans*, O.∴ de Périgueux, se divise en trois classes :
1.º Les membres formant le fond de la L.∴ ;
2.º Les associés libres et honoraires ;
3.º Les FF.∴ à talens.

Première classe.

ART. 1.er

Cette classe paie les contributions ; c'est seulement dans son sein que l'on peut choisir les off.∴, dign.∴ et les membres des conseils.

Deuxième classe.

ART. 1.er

Cette classe est destinée aux FF.∴ des pays étrangers qui ont reçu la lum.∴ dans la L.∴ et qui la quittent ensuite par ordre supérieur ou affaires civiles, et à ceux à qui leurs facultés ne permettent pas de payer les charges.

ART. 2.

Les associés libres et honoraires ne paient pas de contributions.

Troisième classe.

ART. 1.er

Cette classe est composée de tous les FF.∴ dont les ta-

lens peuvent être utiles et agréables à l'at.·., et qui, par
leurs facultés pécuniaires, ne peuvent contribuer aux frais
de la L.·. : ils ne paient point de contributions.

TITRE V.

Des Finances de la L.·.

—

Les finances de la L.·. se composent du prix des réceptions aux différens G.·. et des contributions mensuelles.

SECTION PREMIÈRE.

Du prix des Récep.·., Aff.·. actives et Régul.·.

Art. 1.er

Le prix de l'initiation aux gr.·. est fixé, pour le *minimum*, ainsi qu'il suit :

Gr.·. symb.·. { pour celui d'app.·. .... 50 fr. }
{ pour celui de comp.·. .... 20 } 100 fr.
{ pour celui de M.·. .... 30 fr. }

Dans ces prix sont compris, pour le premier gr.·., 3 fr.
pour le F.·. servant; pour le second, 2 fr. ; pour le troisième , 2 fr.

Art. 2.

Le prix de l'aff.·. est fixé à 12 fr., y compris 1 fr. pour
le F.·. serv.·.

Le prix de la régularisation est fixé à la somme de 20 fr.,
y compris 1 fr. 50 c. pour le F.·. serv.·.

Art. 3.

Il ne sera point accordé de nouveau G∴ qu'on n'ait soldé en totalité ce que l'on redoit à la L∴.

Art. 4.

Le F∴ qui proposera un prof∴ pour être reçu, ou un F∴ pour être aff∴, sera responsable envers la L∴ du prix fixé par les articles précédens, s'il n'a pas été acquitté avant la réception ou l'aff∴ dans les mains du F∴ trésorier.

Art. 5.

Néanmoins, la L∴ aura le droit de recevoir à moitié prix des trois G∴ symb∴ les low∴ dont la conduite maç∴ des pères justifiera cette faveur. La L∴ pourra également recevoir les militaires à moitié prix du G∴ symb∴, de l'aff∴ et de la régularisation. Dans l'un et l'autre cas, cette faveur ne sera accordée que sur délibération motivée de la L∴.

SECTION DEUXIÈME.

Des Contrib∴ mensuelles et du refus de paiement.

Art. 1.er

La contribution mensuelle est fixée à 1 fr. par mois, payable d'avance.

Art. 2.

A chaque versement de fonds pour la contribution mensuelle, le F∴ trésorier enverra à chaque F∴ une quittance du montant de sa contribution; ce dernier, en la recevant, en remettra les fonds au F∴ serv∴.

Art. 3.

Dans le cas où l'on ne trouverait pas le F∴ à son domicile, il sera tenu de payer sa contribution à la première séance.

Art. 4.

Le refus de payer les cotisations ou contribution mensuelle et autres charges, prévues par l'art. 1.er et suivans du titre 5, est constaté de la manière suivante :

Après six mois d'arriéré de cotisations ou autres charges prévues ci-dessus, le conseil d'administration, sur le rapport obligé du F∴ trésorier, adresse, par l'intermédiaire du secrétaire, à quinze jours d'intervalle, au F∴ retardataire deux invitations de se mettre à jour envers la caisse, en lui rappelant les conséquences de son refus.

Ce F∴ est tenu d'accuser au président réception de ces deux pl∴

Art. 5.

Si le F∴ retardataire garde le silence sur la première invitation, il est provisoirement suspendu de ses droits et de ses fonctions maçonniques.

Art. 6.

Si le F∴ mis en demeure garde le même silence après la seconde invitation, ou s'il refuse formellement d'acquitter les cotisations et autres charges précitées, le conseil d'administration, par l'organe du F∴ trésorier, en fait son rapport à l'at∴ dans le délai de quinzaine ; le F∴ orat∴ requiert de suite la radiation du F∴ retardataire du tableau des membres de l'at∴, et elle est immédiatement prononcée par le président.

Art. 7.

L'extrait de la délibération du jour, en ce qui concerne le maç∴ radié, doit être envoyé, dans l'espace d'un mois pour tout délai, au G∴ O∴, pour l'application des art. 847, 848 des réglemens généraux, en vertu desquels le F∴ retardataire est déclaré irrégulier et signalé comme tel par la G∴ chamb∴ symb∴ Cet extrait sera timbré, scellé et signé par les cinq premières lum∴ de l'at∴

SECTION TROISIÈME.

Ouverture des Trav∴

Art. 1.er

La L∴ sera toujours ouverte une demi-heure après celle de la convocation ; en l'absence du vén∴, des surv∴ et des exp∴, les plus anciens off∴ ou M∴, prendront de droit les maill∴ et mettront les trav∴ en activité.

Art. 2.

La séance commencera par la lecture du procés-verbal de la dernière tenue.

TITRE VI.

*De la Police intérieure, des Conv.·. et Assemb.·., des Délib.·., des Init.·.,
Affil.·. et Régul.·.; des Banq.·., des Maç.·. réguliers; du mot de
Sem.·. et des Visit.·.; du Don gratuit, des Honneurs maç.·.*

SECTION PREMIÈRE.

De la Police intérieure.

ART. 1.er

Nul maç.·. n'est admis à partager les trav.·. de la L.·.,
s'il n'est revêtu du cost.·. de son G.·.

ART. 2.

Les membres de l'at.·. parvenus au troisième G.·. se
présenteront déc.·. des insig.·. appartenant à ce G.·.

ART. 3.

Le plus grand silence sera observé pendant les trav.·.;
aucun F.·. ne prendra la parole sans l'avoir demandée et
obtenue.

ART. 4.

Lorsqu'un F.·. voudra quitter sa place ou couv.·. le tem.·.
pour un instant, il le fera sans bruit, après avoir averti l'un
des surv.·. chef de sa col.·.; s'il sort pour ne plus rentrer,
le surv.·. en donnera avis au F.·. hospit.·.

ART. 5.

Tout F.·. qui interrompra celui qui aura obtenu la parole,

ou qui troublera l'ordre par des colloques particuliers, sera rappelé au silence par le vén.·. ; s'il récidive, il sera alors amendé au profit des pauvres et paiera entre les mains de l'hospit.·. ; en cas d'obstination, le vén.·. lui fera couv.·. le temple et provoquera une décision de la L.·. sur son insubordination.

Art. 6.

Si un F.·. refusait de couvrir le temp.·. sur l'ordre du vén.·., celui-ci doit alors sur-le-champ fermer les trav.·., et tous les membres de la L.·. se sépareront jusqu'à ce que, par une décision ultérieure, la L.·. ait délibéré sur la peine à infliger.

Art. 7.

Les peines sont proportionnées aux délits; la plus forte est l'exclusion perpétuelle, avec mention nominative au registre, et communication de la délibération au G.·. O.·. et à toutes les L.·. de la correspondance; les autres consistent, soit dans la privation de l'entrée du temple pendant un espace de temps plus ou moins long, avec ou sans mention nominative, soit dans une amende fixe ou volontaire qui se met au tr.·. des p.·.

Art. 8.

Les infractions maç.·. se composent de fautes et de délits.

Les fautes sont la violation de la discipline intérieure, telles que les inattentions, les colloques, interruptions, le passage d'une col.·. à une autre sans autorisation, enfin l'oubli des bienséances.

Art. 9.

Les délits sont de deux classes, savoir :
Délits contre les mœurs et délits contre l'honneur.

Les délits contre les mœurs sont l'intempérance, les propos grossiers ou inconvenans tenus à haute voix, l'insubordination maç.·. accompagnée de circonstances graves; les récidives fréquentes et volontaires des fautes indiquées dans l'article précédent, le port des insignes maç.·. sur la voie publique. Ces insignes ne pourront être portés que sur le lieu d'inhumation, au moment de rendre les derniers devoirs à un frère décédé.

Art. 10.

Les délits contre l'honneur renferment tout ce qui tend à avilir la maç.·.; tout ce qui, dans l'ordre social, est noté d'infamie.

Art. 11.

La peine attachée aux fautes est prononcée par le V.·.; il pourra aussi imposer aux FF.·. qui les commettront une amende au profit des pauvres, dont le *minimum* sera de 1 fr. et le *maximum* de 5 fr., suivant la gravité de la faute.

Le rappel à l'ordre, avec ou sans mention nominative au livre d'arch.·., sera infligé pour les fautes légères.

Si un F.·. se refuse à subir la peine infligée par le président, son admission dans l'at.·. sera ajournée jusqu'à ce qu'il y ait satisfait.

Art. 12.

Les délits contre les mœurs seront punis suivant la gravité des circonstances et d'après une décision spéciale de l'at.·.,

1.º Soit par une amende au profit des pauvres, dans une proportion quintuple de celle fixée dans l'article précédent;

2.º Soit par la suspension de l'exercice des droits et des fonctions maç.·.;

- 3.º Soit enfin par la non admission dans le temple pen-

dant un temps déterminé, sans que l'une ou l'autre de
ces peines puisse dispenser du paiement de la cotisation
mensuelle.

Art. 13.

Les délits contre l'honneur seront toujours punis par
l'expulsion définitive et la radiation du tableau des membres
de l'at.˙. Ils seront instruits et jugés conformément aux
dispositions contenues dans les sections 3 et 4 des réglemens généraux du G.˙. O.˙., art. 381, jusques y compris
l'art. 408.

Art. 14.

Le nombre des membres présens à la tenue de l'at.˙.
sera constaté par la signature individuelle de chacun d'eux,
sur une feuille préparée à cet effet par le F.˙. secrét.˙.

Cette feuille sera close par le président, après que les
FF.˙. auront été invités à réclamer la signature.

Art. 15.

Toute décision pourra être prise par acclamation, s'il y
a unanimité; par assis ou levé, ou bien par la voie du
scrutin, s'il est demandé par trois membres ayant droit
de voter.

Art. 16.

Le président, l'or.˙. et le rapporteur d'une affaire auront
toujours de droit la parole; nul autre membre ne pourra
l'obtenir plus de trois fois dans une même discussion.

Art. 17.

Les FF.˙. qui siégeront à l'O.˙. obtiendront la parole
directement du président; elle ne sera accordée par lui aux

autres FF.·. placés sur les col.·. que sur la demande respective des surv.·. Le président et les deux surv.·. ont seuls le droit d'interrompre celui qui aura la parole , s'il s'écarte de l'ordre ou de la question.

Art. 18.

Toute discussion sera fermée après les conclusions de l'or.·. ; nul ne pourra être entendu sur le fond de la discussion.

Art. 19.

Il ne pourra être pris de décision sur une proposition nouvelle d'un intérêt général dans la séance même où elle sera faite ; cette proposition sera renvoyée à une tenue prochaine ou à une commission chargée d'en faire son rapport. Dans tous les cas, elle sera annoncée dans la pl.·. de convocation.

Art. 20.

Une délibération pourra être rapportée dans la même séance où elle aura été prise, si aucun des FF.·. présens à la délibération n'a couvert le temple. Elle ne peut l'être dans une séance suivante, à moins que la proposition du rapport de la délibération ne soit formellement indiquée dans la pl.·. de convocation.

Art. 21.

Dans chaque séance, il sera dressé une esquisse des trav.·. du jour. Cette esquisse sera lue et sa rédaction sera mise aux voix avant la clôture, et signée par le président, l'or.·. et le secrétaire.

Dans l'intervalle d'une séance à une autre, le secrétaire la

transcrira sur le livre d'or ou d'arch.·., avec les dévelop-
pemens dont elle est susceptible. Cette pl.·. des derniers
travaux ne pourra être adoptée qu'après les conclusions de
l'or.·., soit pour sa signature *ne varietur* comme esquisse,
soit pour sa sanction définitive comme pl.·.

Art. 22.

Nul F.·. visiteur ou membre de l'at.·. ne pourra prononcer de discours ou pl.·. d'arch.·. s'il ne les a préalablement communiqués au président et à l'or.·., et s'il n'en a obtenu l'autorisation.

Art. 23.

On se conformera, pour la tenue des travaux, à l'ordre suivant :

1.º Appel fait par le F.·. secr.·. des off.·. dignitaires en service, dont le tableau sera toujours déposé sur l'aut.·.; le vén.·. remplacera les off.·. absens ;

2.º Ouverture de la séance suivant les rit.·. maç.·., lecture et adoption de la pl.·. des trav.·. précédens ;

3.º Introduction des visiteurs (après le tuil.·. du G.·. auquel tient l'at.·.), savoir : des app.·., des comp.·., des M.·., des chev.·. R.·. C.·. et successivement jusqu'aux degrés les plus élevés; ensuite des vén.·. ou autres présidens d'at.·., et enfin des off.·. du G.·. O.·.;

4.º Annonce de l'ordre des trav.·. du jour, clôture de la feuille de présence, aff.·., init.·., s'il y a lieu, rapports, etc. ;

5.º Nomination aux offices ou remplacement pour cause de vacances ;

6.º Circulation du sac des propositions et du tr.·. des pauvres ; communication de propositions à l'at.·. et annonce des produits de la collecte qui est remise au F.·.

hosp.·., d'après les formalités de l'art. 1.er sur les fonctions
de cet off.·.;

7.º Lecture et adoption de l'esquisse des travaux du jour.

Art. 24.

Au premier coup de maill.·. frappé par le vén.·., tous
les FF.·. observeront le silence, même celui qui aurait pris
la parole; les surv.·. et les exp.·. veillent à l'exécution de
cet article.

Art. 25.

Nul ne pourra entrer en L.·. lorsqu'on donnera lecture de
la pl.·., que le scrutin circulera, ou que l'on prêtera l'obligation.

Art. 26.

Tout off.·. qui se présentera pendant une délibération
attendra qu'elle soit terminée pour prendre ses fonctions.

Art. 27.

Immédiatement avant la fermeture des trav.·., le vén.·.
fera prêter le serment de ne rien révéler de tout ce qui se
sera passé dans la séance.

SECTION DEUXIÈME.

Des Conv.·. et Assemb.·.

Art. 1.er

Il y aura chaque mois deux séances ordinaires : la première sera et demeure fixée au premier lundi de chaque
mois; la seconde, au troisième lundi de chaque mois.

Art. 2.

Les assemblées ordinaires et extraordinaires se convoqueront par une pl∴ que le F∴ secrét∴ ou son adj∴ trace d'après l'ordre du V∴, et qu'il remet au F∴ serv∴ un jour au moins à l'avance.

Art. 3.

Cette pl∴ doit contenir l'ordre du jour de la séance annoncée.

SECTION TROISIÈME.

Des Délibérations.

Art. 1.er

Les pl∴ tracées des trav∴ commenceront toujours par cette formalité : A la G∴ du G∴ A∴ de L∴, au nom et sous les auspices du G∴ O∴ de France.

Art. 2.

Toute proposition, pour être discutée, devra avoir été mise en délibération par le V∴.

Art. 3.

Lorsque, sur des propositions, la discussion sera fermée, le vén∴ résumera les propositions et les réduira, et demandera, avant de mettre aux voix, les conclusions de l'or∴.

Art. 4.

Une délibération se formera par la pluralité des signes d'approbation ou d'improbation, à moins que la matière n'exige le scrutin, qui pourra être réclamé par trois membres ayant droit de voter, ainsi qu'il a été dit art. 15, section police intérieure.

Art. 5.

Le V∴ proclamera le résultat de la délibération, soit qu'elle ait été formée par les signes ou par le scrutin.

Art. 6.

Si l'une des trois lum∴ ou l'or∴ sont chargés du rapport d'une affaire, on fera remplacer le rapporteur pendant la discussion de cette affaire.

Art. 7.

Toute délibération prise en assemblée d'obligation, ou convoquée spécialement, devra avoir été arrêtée à la majorité absolue des suffrages des FF∴ présens à la séance, pour qu'elle devienne obligatoire pour tous les ouv∴ de l'at∴.

Art. 8.

Dans toutes les assemblées convoquées extraordinairement, il ne pourra être délibéré que sur l'objet pour lequel les FF∴ ont été appelés, et qui est exprimé dans la pl∴ de convocation; s'il s'y fait des propositions incidentes, elles sont renvoyées à la plus prochaine tenue.

Art. 9.

Les FF∴ qui n'ont pas assisté à une délibération ne peuvent, soit dans le même temps ou dans une tenue subséquente, faire agiter de nouveau une question qui aura été décidée régulièrement.

SECTION QUATRIÈME.

Des Init.·. et Affil.·. régul.·.

Art. 1.er

Tout homme peut être reçu maç.·. s'il a les qualités civiles et morales requises, et s'il est dans un état libre.

Art. 2.

Ceux qui ne sont pas d'un état libre ne peuvent être que FF.·. serv.·.

Art. 3.

On ne sera pas reçu app.·., si l'on n'est âgé de dix-huit ans accomplis, si l'on n'a obtenu le consentement de son père ou de son tuteur ; cette dernière condition sera exigible jusqu'à l'âge de vingt-un ans révolus. Les militaires en activité de service, âgés de dix-huit ans accomplis et ayant six mois de présence au corps, seront dispensés de l'autorisation de leur père ou tuteur.

On ne sera pas reçu comp.·. avant vingt-un ans cinq mois, M.·. avant vingt-un ans sept mois.

A l'égard des init.·. âgés de plus de vingt-un ans, ils ne peuvent être reçus comp.·. que cinq mois après leur réception au Gr.·. d'apprenti, et M.·. que deux mois après l'admission au Gr.·. de comp.·.

Nul ne peut être reçu comp.·., d'app.·. qu'il était, qu'il n'ait assisté à trois séances, soit dans la L.·. à laquelle il appartient ou toute autre, et, dans ce cas, en en fournissant la preuve.

Nul ne peut passer du Gr.·. de comp.·. à celui de M.·.

s'il n'a pas assisté également à deux séances, soit dans la
L.˙. à laquelle il appartient ou toute autre L.˙., en en fournissant la preuve.

Néanmoins, en cas d'urgence constatée par l'affirmation
d'honneur de trois FF.˙. membres de l'at.˙., et reconnue
par une délibération expresse de la L.˙. à la majorité des
deux tiers des suffrages, les délais du comp.˙. et de la M.˙.
pourront être abrégés, sans que ces G.˙. soient cependant
jamais conférés le même jour que celui d'app.˙. L'affirmation, les noms des FF.˙. qui l'auront fournie et la délibération de l'at.˙., seront consignés au livre d'or.

Art. 4.

On ne fera qu'une réception à la fois pour quelque Gr.˙.
que ce soit, à moins que le cas d'urgence n'ait été déclaré,
conformément à l'article précédent, et seulement pour les
G.˙. de comp.˙. et de M.˙.

Art. 5.

Le nombre des réceptions qu'on pourra faire en un jour
n'est point fixé ; on mettra tout le temps nécessaire pour faire
chaque réception avec solennité.

Art. 6.

Lorsqu'il y aura plusieurs récipiendaires pour l'init.˙. ou
pour un même G.˙., le fils d'un maç.˙. sera reçu le premier.

Art. 7.

On ne pourra recevoir de G.˙. symb.˙. ou autre que dans
l'atel.˙. dont on sera membre, à moins qu'on ne présente
une permission écrite, timbrée, scellée et signée par les

cinq premières lum.·. de l'atel.·. auquel on appartient. La réception, dans ce cas, aura toujours lieu au nom de l'att.·. qui sollicite et sous sa garantie.

Art. 8.

On n'admettra aucune présentation verbale, soit pour l'init.·., soit pour l'affil.·.

Art. 9.

Celui ou ceux qui présentent un prof.·. à l'init.·. mettront dans le sac aux prop.·. un bulletin contenant les noms, prénoms, demeure, âge, lieu, jour, mois et année de naissance, et qualités civiles du candidat.

Art. 10.

Le président donnera lecture de ce bulletin sans faire connaître les noms des présentateurs, et le remettra à trois commissaires spéciaux nommés par lui pour prendre des renseignemens sur la moralité et sur les autres qualités du candidat. La commission ou les commissaires feront leur rapport dans la tenue suivante.

Art. 11.

La demande en init.·. et son renvoi à une commission pourront, en cas d'urgence, avoir lieu dans l'intervalle d'une séance à l'autre, par ordre du président; mais alors les pl.·. de convocation doivent désigner les noms des prof.·. proposés.

Art. 12.

Si le rapport des commissaires est favorable, on ouvrira

la délibération sur l'admission du prof∴ en la mettant sous le maill∴ ; s'il ne l'est pas, le vén∴ adjoint trois commissaires aux premiers pour présenter un nouveau rapport dans la prochaine tenue.

Art. 13.

Dans cette seconde séance, si le rapport continue à être défavorable, l'ajournement est déclaré indéfini. Dans tous les cas, l'admission d'un prof∴ ne pourrait avoir lieu qu'au scrutin et d'après les conclusions de l'Or∴, prises d'abord sur la question de savoir si les formalités exigées par les réglemens ont été observées et s'il y a lieu de procéder au scrutin, et ensuite sur la question de savoir si le prof∴ sera ou ne sera pas admis.

Art. 14.

Dans le scrutin recueilli pour l'admission d'un prof∴, s'il ne se trouve que deux boules noires, il est admis aux épreuves ; s'il se trouve trois boules noires, il est ajourné à la première tenue ordinaire de la L∴ Dans ce cas, et sur le rapport de trois nouveaux commissaires désignés par le vén∴, si le scrutin présente encore le même résultat, le prof∴ sera indéfiniment ajourné.

Les membres de la L∴ et les FF∴ visiteurs présens au rapport pourront seuls prendre part au scrutin.

Avant la prestation du serment pour l'admission définitive d'un prof∴, un second tour de scrutin aura lieu à la majorité absolue des voix de tous les FF∴ présens à la réception.

Art. 15.

L'aff∴ ou la régularis∴ d'un candidat sera accordée conformément aux art. 208 et 212 inclusivement des statuts généraux ; et dans le cas d'aff.˙., on distinguera si la demande est pour être aff.˙. libre ou actif. Dans le premier cas, le nom de l'aff.˙. ne sera point inscrit sur les tableaux annuels, et l'exercice des droits maç.˙. ne pourra avoir lieu que dans l'at.˙. dont il sera membre actif; dans le second cas, la demande en aff.˙. active sera refusée si l'impétrant est déjà membre actif de deux autres at.˙., ou si, ne l'étant que d'un seul, il ne justifie par un acte authentique qu'il est quitte envers la L.˙. à laquelle il appartient. Cet acte sera déposé aux archives de l'at.˙.

Art. 16.

L'aff.˙. ou la régularisat.˙. sera accordée sur les conclusions du F.˙. Or.˙. par la voie du scrutin de boules, et à la majorité des deux tiers des membres présens de l'at.˙.

Art. 17.

Si la majorité n'est pas obtenue au premier tour de scrutin, il sera recommencé ; et si ce deuxième tour ne la donne pas, l'ajournement aura lieu pour la prochaine séance.

Art. 18.

Il sera procédé à un troisième tour de scrutin dans la séance indiquée ; et si le résultat est encore défavorable, l'ajournement sera déclaré indéfini.

Art. 19.

Si un candidat ne se présente pour être init.˙. que trois mois après la date de la délibération qui l'admet, on procède de nouveau au scrutin comme il est dit ci-dessus.

SECTION CINQUIÈME.

Des Banquets maçonniq.·.

ART. 1.er

Il y a deux banq.·. d'obligation : un à la Saint-J.·. d'été et l'autre à la Saint-J.·. d'hiver. Les FF.·. absens et les FF.·. affil.·. libres seront tenus d'en acquitter le montant, qui sera fixé par une délibération de la L.·.

ART. 2.

Les autres banq.·. seront volontaires; il sera envoyé à cet effet à chaque F.·. un billet portant le prix du banq.·.; le F.·. qui l'aura accepté remettra son billet signé au F.·. servant ou le renverra au F.·. écon.·. au moins deux jours avant celui fixé pour la réunion; à défaut de cette formalité, il sera tenu du prix.

ART. 3.

Après les sant.·. d'obligation, nul ne pourra proposer de sant.·. dans un banq.·. sans les avoir communiquées au vén.·., qui donne ou refuse son approbation.

SECTION SIXIÈME.

Des Maçons régul.·.

ART. 1.er

Nul n'est maç.·. régulier s'il ne fait partie d'une L.·. régul.·.

Art. 2.

Un maç∴ reçu dans une L∴ irrégul∴ deviendra régul∴ s'il est affil∴ à une L∴ régul∴

Art. 3.

Un maç∴ régul∴ cessera de l'être dès qu'il ne sera plus porté sur le tableau d'une L∴ régul∴ en exercice.

Art. 4.

Un maç∴ membre d'une L∴ régul∴ deviendra maç∴ irrégulier s'il fréquente une seule fois les trav∴ d'une L∴ irrégulière ou d'un chap∴ irrégulier.

Art. 5.

La L∴ ne pourra se réunir ni s'aff∴ à une L∴ irrégul∴, quand même elle serait en demande de constitution.

Art. 6.

Toutes les délibérations de la L∴ seront exécutées tant qu'il n'en sera pas appelé.

SECTION SEPTIÈME.

Du Mot de sem∴ et des Visit∴

Art. 1.ᵉʳ

Le mot de sem∴ sera donné à voix basse par le vén∴ ou le F∴ qui présidera les trav∴ Il ne sera jamais donné aux FF∴ visit∴

Art. 2.

Le F∴ tuil∴ le demandera à chaque assemblée à tous les FF∴ qui se présenteront pour être introduits ; mais il ne le fera qu'à l'entrée de la L∴ et en dedans.

Art. 3.

Il ne pourra jamais être communiqué hors de l'at∴ à un maç∴ quelconque, fût-il membre de l'atel∴

Art. 4.

Il ne sera jamais donné aux FF∴ serv∴

Art. 5.

Les FF∴ absens pendant la circulation du mot de sem∴ ou du mot ann∴ le recevront du prés∴

Art. 6.

L'entrée du tem∴ sera refusée à tout visit∴, lors même qu'il présenterait un dipl∴, bref ou patente du G∴ O∴ ou d'un at∴ régul∴, si, après avoir été tuil∴, il ne donne pas le dernier mot de sem∴, ou ann∴ ou au moins le précédent.

Art. 7.

On ne demandera le mot à un F∴ visiteur qu'après l'avoir reconnu et tuil∴ suivant l'usage.

SECTION HUITIÈME.

Du Don gratuit.

Art. 1.er

Tous les at.·., quel que soit le nombre de leurs membres actifs, versent annuellement et par avance à la caisse du G.·. O.·. de France, à titre de contribution, une somme de 33 fr., conformément à l'art. 291 de la section 13.e du chapitre 2 des réglemens et statuts du G.·. O.·.

Art. 2.

Lorsque la L.·. est en état de prélever cette somme sur sa caisse, les FF.·. ne sont plus tenus de l'acquitter ; dans le cas contraire, elle est due par chacun d'eux, et tous doivent y contribuer chacun pour sa part et portion, de manière à compléter la contribution à payer. Dans ce dernier cas, les FF.·. aff.·. libres sont aussi dans l'obligation d'acquitter cette petite contribution.

SECTION NEUVIÈME.

Des Honneurs maç.·.

Art. 1.er

Les grands honneurs se rendent au vén.·. d'honneur, au vén.·. tit.·., à une L.·. entière, à des députés munis de pouvoirs reconnus, aux off.·. du G.·. O.·.

Si les GG.·. dign.·. de l'ordre ou le représentant du G.·. M.·. visitaient l'at.·., ils seraient annoncés nominativement et introduits. Neuf FF.·., portant des ét.·., précédés des M.·. des cérém.·., iraient les recevoir à la porte du tem.·. et les conduiraient à l'O.·. Tous le FF.·. seraient debout, glaive en main, formant la voûte d'ac.·., et les mail.·. bat.·.

Art. 2.

Pour une députation d'at.·., le nombre des ét.·. est de sept; si le prés.·. ne s'y trouve pas, ce nombre se réduit à cinq.

Art. 3.

Les off.·. hon.·. ou tit.·. du G.·. O.·., les présidens d'at.·., ainsi que le président de la L.·. lui-même, s'il se présente après l'ouverture des trav.·., seront reçus par cinq FF.·., précédés du M.·. des cér.·., avec cinq ét.·.

Art. 4.

Les membres du G.·. coll.·. des rites qui ne sont pas off.·. du G.·. O.·. seront reçus avec trois ét.·., sans batteries de mail.·.

Art. 5.

Les cheval.·. K.·., cheval.·. R.·. C.·., les prem.·. et sec.·. surv.·. en exercice, seront reçus, s'ils se présentent après l'ouv.·. des trav.·., par le M.·. des cérém.·., tous les FF.·. debout, glaive en main.

Art. 6.

Les FF.·. visit.·. qui ne sont pas chev.·. R.·. C.·., ainsi que le F.·. O.·., après l'ouv.·. des trav.·., sont reçus les FF.·. étant debout et à l'ordre, et conduits à leurs places par le M.·. des cérém.·.

Art. 7.

Les autres dig.·., dans le même cas, sont seulement introduits et annoncés par le M.·. des cérém.·.

Art. 8.

Les FF.·. visiteurs désignés art. 1, 2 et 3 de la présente section sont placés à l'O.·., les plus élevés en dign.·. auprès du vén.·., et les autres dans l'ordre hiérarchique du gr.·. immédiatement après.

Art. 9.

Les autres visit.·. sont placés dans le même ordre, en tète des col.·., savoir : les chev.·. R.·. C.·. sur la col.·. du midi ou de l'ouest, suivant le rite pratiqué; les autres FF.·. sur la col.·. opposée.

Art. 10.

Un at.·., quel que soit son rite, un maç.·., quel que soit son gr.·., ne pourront exiger d'être reçus au rite qu'ils professent, si l'atel.·. qui reçoit ne le professe pas.

Art. 11.

Le président accueillera et complimentera les commissions, députations et les vis.·., et fera applaudir à leur entrée.

Art. 12.

Une triple batt.·. sera tirée pour les vis.·. désignés dans les art. 1, 2 et 3 de la présente section ; la batt.·. sera ordinaire pour les autres vis.·. ; les batt.·. de remercîment seront toujours couvertes.

Les présens statuts et réglemens, après avoir été discutés dans les séances du 31.ᵉ jour du 1.ᵉʳ mois et 1.ᵉʳ jour du 2.ᵉ mois, sur le rapport d'une commission spéciale, composée des FF∴ Aug. Charrière, vén∴ ; Dubois, vén∴ d'honn∴ ; Rousseau, 1.ᵉʳ surv∴ ; Carrau, 2.ᵉ surv∴ ; Renaud, or∴ ; Bardet père, trés∴ ; Chaminade, M∴ des cérémonies ; Veyssière, 1.ᵉʳ exp∴ ; Dumont, 2.ᵉ exp∴ ; Caminade, archiv∴ garde-des-sceaux ; Bloy jeune, secrét∴ ; Benard, M∴, ont été définitivement adoptés par la R∴ L∴ des *Amis persévérans,* qui a, en outre, arrêté et ordonné qu'ils seraient signés par chacun des FF∴ membres de la R∴ L∴, et par tous les init∴, agrég∴ ou aff∴ qui seraient postérieurement admis à la participation de ses travaux.

Pour le tout devenir exécutoire immédiatement après la sanction du G∴ O∴, et ce conformément aux art. 249 et suivans de la section 9 du chapitre 2 des statuts généraux.

O∴ de Périgueux, le 1.ᵉʳ *isar* 5840 (1.ᵉʳ avril 1840, ère vulgaire).

Le président,	*Le vén∴ d'honn∴,*
A. CHARRIÈRE, R∴ †	DUBOIS, R∴ †

ROUSSEAU, 1.ᵉʳ *surv∴*

CARRAU, 2.ᵉ *surv∴*

RENAUD, R∴ †, *orat∴*

Par mandement de la R∴ L∴ :

Le secrét∴, BLOY.

Timbré et scellé par nous garde-des-sceaux, timbres et archives :

CAMINADE.

Vu et approuvé les présens réglemens particuliers de la R∴ L∴ des *Amis persévérans* à l'O∴ de Périgueux, pour être exécutés selon leur forme et teneur.

Fait en chamb∴ symb∴ le 4 août 1840 (ère vulg∴)

Le président,

FROMENTIN, 33∴

Le 1.ᵉʳ surv∴,   *Le 2.ᵉ surv∴,*

FAULTRIER.   AGIRONY, 33∴

L'orat∴, BUROS.

Par mandement de la chamb∴ :

Le secrét∴, LÉCOSKY, 33∴

Vu par nous garde-des-sceaux et timbres de la chamb∴ :

BLONDELU, 33∴

TABLE DES MATIÈRES.

www.ingramcontent.com/pod-product-compliance
Lightning Source LLC
LaVergne TN
LVHW022333170726
843503LV00006B/2861